Almar

SILVIA CAMOSSA

REFORMATÓRIO

Dedico aos meus pais,
Janete e Paulo,
este meu almar
tão cheio de amor.

E chegou o dia em que permanecer encerrada no casulo era mais doloroso que o risco de se libertar.

Anais Nin

Prefácio

Ler os poemas de Silvia Camossa foi um passeio que fiz pelas palavras que, nas mãos da poeta, formam uma sinfonia. São poesias com ritmo e originalidade surpreendentes. Talvez o poema que mais sintetize minhas impressões sobre o livro seja *Retirada*.

Isso porque parece que cada palavra foi colocada ali por não haver outra possível, por ser insubstituível na composição. Para alcançar tal efeito sobre o/a leitor/a, é preciso retirar; retirar o que sobra, o desnecessário, o supérfluo, raspar o tacho dos sonhos e tecer, com o que é essencial, a cuidadosa arte da poesia.

Silvia só consegue montar seu tear e trabalhar com tamanha delicadeza porque é assim em tudo o que faz. Seja na literatura, no teatro ou no canto, ela está presente inteira escolhendo a melhor forma de dizer, o melhor tom, a expressão mais exata. E é assim que atinge aquele lugar em nós que chamo de alma.

Fazer poesia como faz Silvia não é fácil. É preciso vasculhar a si mesma, observar o mundo com olhos sensíveis e usar a razão para compor, ou seja, encontrar o fino equilíbrio entre inteligência e sensibilidade. O resultado é este belo livro que certamente encontrará ressonância em leitoras e leitores que, como ela, são capazes de montar seu tear de leitura com delicadeza e inteligência.

Cássia Janeiro

Sumário **Adentro**

13 Tambor
15 Rio da infância
17 Roda dança
19 Herança
21 Quando Hamlet come
23 Apressa
25 Polímnia
27 Retirada
29 Queda
31 Depois da queda
33 Foz da voz
35 Nas nuvens
37 Muda
39 Passado
41 Chão de sonho
43 Gestação
45 Sagração do nada
47 Páginas em branco
49 Metamorfose
51 Oração
53 Anjo bossa
55 Travessia
57 Resta-me
59 Sem fim
61 Almar

Sumário Afora

- 65 Quando a sanfona vira mundo
- 67 Jorro de sol
- 69 O malabarista do farol
- 71 O equilibrista voador
- 73 A artesã descabelada
- 75 O sonhador sem relógio
- 77 Matriz
- 79 Vida
- 81 Mulher coragem
- 83 A velha
- 85 Olhar de pedra
- 87 O tiro
- 89 Peixestrada
- 91 Bem-aventurança
- 93 Flor do asfalto
- 95 Lumiar
- 97 Sessão da tarde
- 99 Quando chegar
- 101 Partilha
- 103 A nova do anjo bossa
- 105 Força suave
- 107 Mutação
- 109 Amanhecer

adentro

Tambor

Menina, atravessa a noite.
Se o passo é certo ou errado
você é quem diz.
Anda!

Se não souber o caminho
lembra que os pés têm cheiro de mato.
E o peito é como um tambor.
Segue!

Ouve o pulso, seu ritmo.
O coração, seu guia.
Deixa o tempo fazê-la
poesia.

Rio da infância

Hoje andei no rio
da minha infância.
Onde era água
agora é pedra.
Onde sobrava correnteza
sopra o ar.
O peixe não pula, não.
Nada.
Vida passada, ser
tão.

Hoje cruzei o esquecido.
O chão antes invisível.
Avancei na seca bruta
à espera da chuva que faça desaguar
o mar
que guardo em mim.

Roda dança

A carroça canta.
Se passa no buraco
as rodas dançam.
Pulam sem avisar.

Ruela de terra.
Minha memória é meu chão.
Nuvens de pó morro acima.
Porteira aberta, cão latindo.
Casa da avó.

No tempo da saudade
me deito.
No quente do deitado
me esqueço.

Uma lembrança me fará
recomeçar.

Herança

No sítio onde minha mãe cresceu
espio o fundo do poço.
Vejo o balde de alumínio subir
por meio das mãos do meu avô.

Ele coloca o balde na borda do poço.
Enche com água uma caneca de alumínio
e a oferece a mim.

Se eu tivesse conhecido o meu avô.
Se ele não tivesse partido
antes do meu nascimento
eu não teria essa sede.

Quando Hamlet come

Sede e fome.
Início e fim.
Sou mais que um nome.
Não me chame assim.

Definido, não vi.
Forma, não fiz.
Regra, não li.
O que eu sabia, esqueci.

Linha não reto.
Roda não curvo.
Quem quiser que derrube
o seu próprio muro.

Muro é duro.
Duro é osso.
Osso é oco.
Oco é doido.
E doido dói.

Esquentei na friagem.
Me encontrei no espaço
do derretido artesanal.

Sou fogo, movimento.
Ontem, hoje, amanhã.
Sol sem cabimento.

Apressa

Tenho pressa.
Me despeço
do que pesa.

Mas o caminho é lento.
E tudo se infinita
no tempo do aprender.

Encostada em uma velha árvore
observo um filhote:
pássaro preparando o voo
que o céu não esqueceu.

Polímnia

Ontem saquei a trama.
No ego, o esgoto.
Rigidez, desgosto.
Me perdi, enfim.

Na dança que esquece
a escassez. Flerta com o flexível
fluxo da loucura e lucidez.

Procuro a liberdade
como quem precisa do ar
                    voar
doar-se ao mundo rebento
contrariando antigas direções.

Para que a alma seja
paz
antes do corpo pó.

Retirada

Tirei o arrumado do cabelo.
O inventado da maquiagem.
O perfume.

Tirei a roupa cara.
O brinco.
O sapato de salto.

Tirei o cartão de visitas.
A agenda habituada.
O emprego e o salário.

Tirei o que sabia.
O caminho que dizia quem eu era.
O amanhã.

Retirei-me.

Raro, me faço achada.
Dizem que quando chove me bronzeio
mais vermelha que dourada.

Já caí, me ergui e tombei.
Machucou, doeu.
Aprendi, levantei e andei.

Virei fim, avesso.
Reinício, recomeço.
Princípio.

Fui vista ontem sendo
sonho de me atirar nas águas tratadas
quiçá águas claras!
do rio Tietê.

Queda

Quis cair como a chuva.
Logo vi, não consegui.
Chuva cai porque quer.
Só sei cair sem querer.

Depois da queda

Senta na beira da água.
Mergulha os pés no chão.
Deixa a dor desabar
               pelo corpo.

Chora a alma magoada.
Em seu peito
a tristeza faz a lágrima.
Dói, o erro que não se quis.

Depois deixa o erro ir embora.
E aprende a recomeçar.
Tece a vida que pulsa na terra.
Só para ver você se levantar.

Foz da voz

Navegar em horas lentas.
Flutuar acima das copas das árvores.
Verdes mares, terras distantes.

Rio afora
o coração aflora.
Dispara, não para
de vagar.

Inundar o caminho
até reencontrar o velho ninho.
Ser como o pássaro
que descobriu na foz a própria voz.
O canto do seu lugar.

Nas nuvens

Eu estava tão distraída
que uma pedra tropeçou
                      em mim.

Muda

Só o silêncio escuta.

Passado

Subo as escadas
da Escola Superior
dos meus vinte anos.

Encontro o degrau
onde eu costumava conversar
com um bando de amigos.

O piso bem pintado
esconde o cimento
que um dia foi sonho.

Naquela época eu não tinha
o caderninho onde hoje escrevo
o que nenhuma regra
saberá explicar.

Lembro a moça que fui.
Invento um poema.
Desço as escadas.
Procuro a saída.

Na catraca
um guarda adivinha:
perdeu o crachá?

Passado é chão
que só se pode
visitar.

Chão de sonho

chuva de inverno
no frio
a rua sonha ser rio

Gestação

Um pássaro canta.
Enquanto aguardo
guardo
sua voz em mim.

Sagração do nada

No lento do tempo
um presente se dá.

Páginas em branco

Uma mulher
senta-se ao meu lado.
Abre um caderno.
Escreve um poema.

Arranca a página e joga
o caderno em minhas mãos.
Eu me apresso:
posso ler o que escreveu?

Ela sorri.
Diz que eu tenho 99 páginas para acordar.
Antes que ela volte para levar
a vida que passou.

Metamorfose

Ouvi o riso da menina
tornando-se
mulher em mim.

Oração

Amanheço.
Arrumo a cama.
Saio com os chinelos que comprei
nas Pernambucanas.

Tardo.
Limpo a casa.
Lavo a louça.
Costuro a roupa rasgada.

À noite, faço um verso.
A ele entrego as minhas entranhas.
Trama tamanha, o mundo interior
ser como o universo.

Existo nessa oração.
Enquanto o chão procura os meus pés
palavras nascem
na palma da minha mão.

Anjo bossa

Abri uma canção.
Retirei as palavras.
Desfiz o arranjo.
Restou um anjo.

Sentadinho em sol.
Com a asa machucada
perguntou baixinho:
você tem *merthiolate*?

Sim, passei e soprei.
Ele riu.
Você é soprano, é?
Respondi não sei.

Ele voou!
Depois ligou dizendo que passara a viver
no submarino amarelo de um tal rock
and roll.

Travessia

Estou em um barco.
Ao mar, me lanço!
Balanço, o sol é o farol.
Logo o céu vai chover
um pedaço de mim.

Resta-me

Não sei o quanto resta
de quem fui.
O quanto flui em tom passado
no corpo que se entrega ao sonho.

Não lembro o sabor da comida.
Reduzi os passos para evitar a pressa.
Libertei as ideias para deixá-las fugir.
Vomitei não sei, não sei.

O tempo que nasce é oferta de vida.
Vigorosa, revirada, mexida.
Ser gente é coragem.
Essa viagem é passagem.

Ontem fui feita de fim.

Sem fim

Há uma parte de mim.
Um lado sem fim
que é terno retornar.

Para ultrapassar as trevas
E bendizer as pedras.
Compreender os erros.
E perdoar as dores.

Acordar o olhar
enquanto um novo dia vem
no âmago do ser
almar.

Almar

Existir em plenitude é um gesto de amor.

Quando a sanfona vira mundo

Vai, sanfoneiro.
Leva música no peito.
Força nos braços.
Alegria nas mãos.

Atravessa estrada depois de estrada.
A vida não tem parada, abre e fecha.
Faz partida e milagra uma nova acolhida.

Quando apagarem a luz
escuta o silêncio.
Vê a estrela que te guiou.

Sonha a noite.
Acredita que nela o sol nasceu.
A lua tudo viu.
Nada negou, não dormiu.

Guarda na memória
os encontros que a sanfona fez brotar.
As histórias de cada lugar.

Será esse o eterno desejo.
A fome até o leito.
O leite derramado pelo povo que te faz
nada mais: firmamento.

Jorro de sol

Para Robsoñ Luquêsi

Dança, moça.
Balança o vestido florido.
Roda o tempo em seu ventre.
Recebe o que virá.

Dança, moça.
Os cabelos brincam em suas costas.
O sorriso se espalha na tarde triste.
Uma outra mão a encontra.
Existe.

Dança, moça.
Molhada solta graça.
Jura o sol acompanhada.
Jorra a dois o que não pode mais
ser depois.

O malabarista do farol

O malabarista do farol
é livre como nunca saberei ser.
Ele me chama com os olhos
enquanto suas mãos
se lançam no ar.

O malabarista do farol
faz da rua o palco.
Da fome o texto.
Da fé, o gesto.

Não tem hora.
Sabe que logo todos irão embora.
E mesmo assim, sorri.

O equilibrista voador

O pardalzinho pousado
no fio do poste de luz
interrompe a pausa.

Não voa, não canta.

Anda como um equilibrista
enquanto o céu finge
ser a lona do circo voador.

A artesã descabelada

Não passa os cabelos.
Não evita o vento.
Pega fogo por dentro.

Desarruma, desacostuma.
Inventa um novo molde.
Tece, com pontos de leste,
um dia de sol.

O sonhador sem relógio

Queria tanto se encontrar
que marcou um encontro
com ele mesmo.

Perdeu a hora.
Quando chegou, ele próprio
já tinha ido embora.

Matriz

> *Quando eu era pequena*
> *na casa de minha avó*
> *ouvíamos um passarinho.*
> *E ela me dizia: Nete,*
> *olha o bem que eu vi.*
>
> Janete Valim N. Camossa

Encontro minha mãe
na presença das flores.
Nas cores do seu jardim.
No canto do bem-te-vi.

Na dor que persiste em sua coluna
enquanto ela acende o fogo
e prepara o almoço
que alimenta a família
ao gosto de suas mãos.

Vida

Leva o meu amor em ti.
Me amanda contigo.

Mulher coragem

Galo cantando, acorda o dia.
O sino toca a Ave Maria.
O sol nasce, o calor vai entrando
na pele, Pedro, amando Luiza.

Cuida das crianças, Luiza.
Eu logo volto!
No trabalho, sou carregador.
Ao seu lado, amor.

Ruas estreitas até o cais do porto.
Hora marcada na embarcação.
Segue, homem, a sua missão.

Carregador de sonhos:
imagina o mundo que crê.
Sofre por tudo que vê.

Pedro, cuidado!
Ladrões estão ao seu lado.
Quieto, fique calado. Ai...

Pedro no chão, faca no peito, nada na mão.
Mataram o homem, calaram o amor.
Levaram o homem, deixaram a dor.

Chora, Luiza.
Lágrimas em uma flor.

Por quê? Alguém explica?
Por quê? E agora, o que vou fazer?

Abraça as crianças no amanhecer.
Segue a vida do jeito que é.
Mulher coragem, seu nome é fé.

A velha

A velha com os pés sujos
carrega sacos, fala sozinha.
Procura lixo, acha uma latinha.

A velha com os pés cascudos
anda torta de doer.
Não demora, o frio a fará morrer.

A velha com os pés mudos
passa.
Ninguém vê.

Olhar de pedra

Ele pediu que o libertassem
da pedra
do cimento
de um único olhar.

Ele queria se movimentar.
Caminhar sem destino.
Não ter direção.
Mirar o céu, o azul do dia.
As pessoas e o que diziam.
Tocar pele, peito, boca.
Dançar.

Me tirem daqui!

Gritou o homem
mergulhado no corpo de concreto.

Ninguém quis ouvir.

O tiro

Ouvi o disparo do revólver.
Não sabia que meu destino
era o peito de um menino.

Ouvi o grito da mãe.
O choro dos irmãos.
A última batida
do pequeno coração.

Tornei-me bala perdida.
Enterrada nessa morte.
Sem voz.

Em uma tarde cinza
que logo será esquecida.
Como a criança sem vida.
Como a chuva que cai.

Peixestrada

Nada.
Segue a correnteza.
Em algum momento virá o anzol
ou a rede, não há como evitar.

Dá cor à aparência de peixe.
Apenas isso, um peixe.

Sonha ser gente.
Tomar banho de sol.
Sentar no banco de uma praça.
Deslizar os pés na terra molhada.

Sorver o doce e o amargo.
Ter pele, saber um arrepio.
A língua quando beijo, amar
 entre estranhos e amigos.

Estudar, trabalhar.
Ter casa, carro.
Comprar, comprar.
Comprar, comprar.

Tanto a conquistar!
Até tornar-se um novo peixe.

Nada.
Segue a correnteza.
Em algum momento virá o anzol
ou a rede, não há como evitar.

Bem-aventurança

Soubesse o Homem
fazer céu na Terra
o pássaro sonharia
caminhar.

Flor do asfalto

A flor não sabe
que na rua onde nasceu
o asfalto está morto.

Ninguém a vê.
Mesmo assim, ela se eleva.
Observa os pedestres.
Os carros fechados por vidros.
A pressa que nada faz parar.

E lentamente se abre.
Goza em seu perfume
a força do existir.

Lumiar

Quando a Terra
não estava separada do céu
as estrelas
eram os olhos do chão.

Sessão da tarde

O menino à beira da grade
vê o menino
na areia da praia.

Só a janela sabe
a distância
entre a tristeza e o mar.

Quando chegar

Quando seu filho chegar
diga a ele que o Homem
é semente bruta na Terra.

Que o tempo passa
mas a ganância, não.
O Homem mata, trai, desmata.
A água já é escassa.
E o verão tornou-se inverno.

Quando seu filho chegar
relembre com ele
as palavras de afeto não ditas
o abraço esquecido
o tempo do olhar.

Para que a paz
plante o Homem
quando chegar.

Partilha

Não há manhã engajada
sem que antes haja
partilha.

A lua acende as direções.
No alto
um anjo reza uma oração.

Ele nada sabe
além da noite que cai.
Mas crê no nascer
que não cala!
Os que lutam.

A nova do anjo bossa

Anjo, está ouvindo?
Quem?
Ella!
Prefiro Elis...

Força suave

Minha filha, quero lhe contar
sobre as coisas da vida.
E dizer que o coração aberto
é o grande mestre e sábio aprendiz.
Nada somos senão um fio de vida mutante.
Uma possibilidade entre muitas.
Um potencial que desabrocha ou murcha
ao longo da jornada. Somos tudo e nada.
Tudo ou nada!
Dependendo do quanto estamos conscientes
acerca de nossa existência.

Tudo nos é dado para aprender.
Cada dia que amanhece é um tapete
por onde o seu corpo passará
seus gestos brotarão, suas palavras
encontrarão os mesmos e novos ouvidos.
O sentido está no momento em si.
Desperto por meio do olhar atento e compreensivo
amoroso e paciente com a imperfeição humana.

Em tudo o que fizer, põe o seu melhor.
Tempera o fazer com o sal do amor.
O certo e o errado são ilusões da razão.

Segue o bom senso que a alma traz.
Escuta a voz que sopra dentro de você
mesmo que o barulho externo seja forte.
Mesmo que todos digam o contrário: escuta você.
Mata com um punhal afiado a comparação
que o seu juízo fará entre você e os outros.
Perca o juízo!
Pois não há ninguém igual a ninguém.
E a alma livre é capaz de trilhar estradas novas
que pareciam impossíveis.

Busca na terra a força para os braços.
Compreende as suas raízes.
Acolhe o que pareceu sofrimento
e transforma em aprendizado.
Voa, minha filha!
Para o âmago dos seus sonhos.
Para onde não sei te mostrar.
Voa para construir o seu próprio lugar.

Sempre que o tempo a trouxer à casa materna
saiba que sua mãe é também uma filha
uma aprendiz como você.
Assustada diante de uma nova criatura
que veio ao mundo por meio de seu próprio ventre
rezando a vida com o conhecimento que possui:
inacabado, inconcluso e justamente isso!
Incompleto para que algo mais
surja a partir de nós.

Mutação

Será mar ou rio
o destino do peixe que salta?
Mar ou rio
a fé que lançamos à vida?

Amanhecer

Não fechou a janela.
Se abriu quando viu
o primeiro raio do sol.

Agradecimentos

Aos meus pais, Janete Valim N. Camossa e Paulo Camossa, pela vida e todo amor. Ao meu irmão, Paulo Camossa Jr., por tantas orientações. Ao Robsoñ Luquêsi pela presença amorosa. À Beatriz Agnelli pela doce compreensão e beleza dedicadas ao projeto gráfico desse livro. Aos queridos amigos Cássia Janeiro, Cecília Valentim, João Anzanello Carrascoza e Oswaldo Mendes, por toda a inspiração. Ao meu grupo de literatura, o Martelinho de Ouro, companheiro de estrada.

Copyright © 2018 Silvia Camossa

Editor
Marcelo Nocelli

Revisão
Natália Souza

Capa e projeto gráfico
Beatriz Agnelli

Referência para citação:
CAMOSSA, Silvia. Almar. São Paulo: Reformatório, 2018.

Dados Internacionais de Catalogação na Publicação (CIP)
Bibliotecária Juliana Farias Motta CRB7/5880

C185a Camossa, Silvia, 1969-

       Almar / Silvia Camossa. São Paulo : Reformatório, 2018.

       112p. : 14 x 23 cm

       ISBN 978-85-66887-42-6

       1. Poesia Brasileira. I. Título
CDD B869.1

Índice para o catálogo sistemático:
    1. Poesia Brasileira

Todos os direitos desta edição reservados à
Editora Reformatório LTDA.
São Paulo, SP

Esta obra foi composta em Sabon e
impressa sobre papel Pólen Bold para a
Editora Reformatório em junho de 2018.